JN418000

바람의 문장 하나

바람의 문장 하나

황창순 시집

月刊文學 출판부

오래 갈망하던 시의 무게

홍금자(시인·한국시인협회 상임위원)

참으로 먼 길 돌아왔다.

벅찬 가슴으로 시의 길에 들어선 지 어언 십 사오 년,

그동안 생의 결핍, 삶의 굴곡의 길에서 많은 시간을 허비해 버렸다.

그러면서도 시의 끈을 결코 놓지 않고 몸부림으로 다시 일어선 장한 시인이다.

이처럼 세상에 또 한 송이의 시의 꽃이 피었다.

시간의 물비늘, 오래 기다렸던 시의 무게

생의 얼룩점조차 그녀의 시는 소중한 위안이며 희망을 던져 주었다.

아마존의 발원지 '네바도 미스미' 에서부터
빙하가 녹은 물이 바위틈을 타고 흘러내리듯
그녀의 몸속엔 건강을 지키기 위한 몸부림 속에서도
바위틈을 타고 스미는 빙하수처럼 시의 간절함이 있었다.
삶은 늘 우리에게 힘들고 고통이지만 그 곁에 시를 통한
감동하는 마음이 있는 것이다.

앞으로 더 큰 걸음으로 시의 길을 나서기 바랍니다.
첫 시집 상재에 축하의 박수를 보냅니다.

| 시인의 말 |

너무나 눈이 부시다, 저 빛 부신 햇살

긴 세월 침묵의 시간이었다.
알에서 깨어 나와 부화하듯
시의 문을 부끄럽게 열어본다.
너무나 눈이 부시다. 저 빛 부신 햇살

이 졸작의 시들이 누군가와 공감하며
머리 끄덕일 수만 있다면…
오랜 시간 세상 밖으로 나올 시들을
묵묵히 기다려 주신 H선생님 고맙습니다.
지금까지 함께 해온 문우들의
따뜻한 가슴에도 고마움을 전합니다.
무엇보다도 곁에서 부족함을 채워주고
박수로 격려해준 가족들 사랑합니다.

2022년 여름
황창순

차례

그리운 시간 너머 2

꽃은 피는데 3

어머니 그리고 고향 4

| 작품해설 |

1
배곧 마루에 서서

두물머리

촉촉이 비 내리는
하얀 운무 속 풍경
물안개 시야로
한 폭의 청초한 수채화
내 영혼마저 흠뻑
젖어들고 있다

남한강과 북한강
몸 섞어
서로 만나 한 몸 이뤄
평화로운 곳
물새 산새들
손잡고 노니는 곳

오래된 느티나무
고목 한 그루
묵묵히 서서
방황하는 영혼들
쉼터 되어

길손을 위로하고 있다

어느새 고인 빗물 사이로
세월을 묵힌 벗들과 걸으며
어쩔 수 없이 스며오는
그리움의 흔적을
건져내고 있다.

저 푸른 생명들

시간이 지날수록
닮아간다
동그라미 그리듯
동그랗게
처마 밑 둥지를 튼
제비 한 쌍
어느새
새끼 몇 마리 늘었다

저 푸른 생명의 무리
쉴새 없이 들락거리며
새끼의 입에
먹이를 넣어준다
가장의 무게는
늘 버겁다

비바람 눈보라 견디며
지켜온 울타리 안에
가족이란 이름 앞에

사랑이라 쓰며
기쁨 슬픔 그리고 아픔을
함께한 눈빛들

식탁 둘러앉아
하루를 셈해가며
서로의 표정을 읽는
우리라는 이름.

섬 그리고 그리움

소중했던 사람들
하나, 둘
삶의 온기를 잃고
저 멀리 허공으로
손 저으며
연기처럼 흩날리고

노을빛 물든 바다
흰 포말의 파도
물새마저 잠든 밤

별빛만 쏟아져 내리는
한겨울 외딴 섬

차갑게 식어가는
슬픈 영혼의
하얀 그리움
기어이
빠져드는
섬 안의 나.

풍경

산은 가을로 깊어가고 있었다

아직
채색되지 못한
푸르름

한옥마을 고고한 정기
피부 깊숙이 선조들 지혜
향토 빛 향기로 묻어나고

천우각 연못 속 잉어 떼
잔잔한 수심 가르며
묻어둔 그리움 불러 모은다

비둘기 노니는
잔디밭 주위로
가을 열매 줍는 사람들
또 하나의 추억 앞에
은행잎이 노랗게 물들고 있다.

건망증

잊는다는 것은
가슴 아픈 일이다

기억 상실증에
걸린 사람처럼
하루 일상
무월광의 밤처럼
보이지 않을 때가
가끔 있다

잊는다는 것은
슬픈 일이다

등에 업은 아이
온종일 찾아
헤맨다는 할머니 이야기
이해 못 하던 시절 있었듯이
세월은 말없이 흘러
가눌 수 없는

슬픔의 나이테가 되어
자꾸 늘어만 간다

깜빡이는
머릿속 신호등
빨간불이 되어 가고
가득 찼던 배터리는
하루가 멀게 사라져 간다

무수히 많은 인파 속
한 사람 환하게 웃으며
내게 걸어오고 있다

나는 한참을 떠올려보지만
어렴풋이 손에 잡히지 않는
실루엣 누구일까.

내 영혼이 슬픈 날은

아직 물들지 않은
단풍잎을 본다

참을 수 없는 설움에
울컥울컥
가슴이 젖는 날

살 터져 아파 오는듯
그리움 짙은 빛깔에
고운 색 덧칠하며
산사의 붉은 정자 앞에 선다

상사화로 몸 여는
마음속 당신
지나온 삶 너머에
눈물 한 방울 던져주고
아무 일 없는 듯
또 그렇게 일상과 부딪치며
성숙의 바람 안고 산다

내 영혼이 슬픈 날은.

담쟁이 벽을 오르다

가녀린 몸
아슬히 절벽을 오른다
지상의 험한 언덕에서
발돋움하며

때때로 밀려드는
내 안의 고독과 슬픔
그리고 아픔을 견뎌내며
소망의 끈
결코 놓지 않는다

담록의 빛깔로
자신을 치장해 가며
생명을 잉태하듯
한 잎 두 잎 포개어 놓는다

끝없는 꿈
수없이 풀어내며
고단한 벽을 오르는
저 긴 목숨 하나.

배곧 마루에 서서

배곧 마루에 서서
석양빛 곱게 물든
서해를 본다

작은 어선
만선의 깃발을 달고
푸른 바다
물결을 가르며
지나간다

날갯짓 높이
날아오르는 물새들
붉은 노을에 젖어
서녘 하늘에 한참을
머물다 간다

먼 수평선
그어놓은 지평
그리움으로 채운다

저절로 삶을 알게 되는
배곧 마루 슬픈 저녁.

삶

삶을 산다는 것은
한 치 앞도 알 수 없는
어둔 밤길을 걷는 것 같다

깊이를 알 수 없는
바닷속 유영하며
더 나은 미래를 향해
내딛는 발길엔
무거운 쇠뭉치가
매달려 있다

하늘 노랗게
채색한 시간도
희망의 끈
허공에 묶고
묵묵히 일어선다

시퍼런 자존심만
항아리처럼

배 불리던
지난 삶

피 한 방울
땀 한 방울
흘리지 않고
한 줌 흙먼지
묻히지 않으려던 젊은 날들
지난 시간 들 밟고 걸어오고 있다

방울져 내리는 이슬이
새로운 희망을 갖기 위해
내일을 가꾸는 햇살이
한 장 종이 위에
푸른 꿈을 그린나

희망의 길 어디냐고
깊은 어둠 속에서
나직하게 묻는
삶 하나.

천년 바위

천년을 그 자리
푸르게 깨어 침묵을
고집하며 서 있는 바위

낮과 밤 지친 영혼들
묵묵히 감싸 안는
넉넉한 품으로
살아있는 이야기
풀어놓는다

바위는
욕심 없는 삶으로
스스로 목숨을
늘리려 하지 않는다

자신을 비우는
긴 목숨의 여정
세상 바다에
헌신인 양 조용히

무릎 꿇어 묵상 중

천년을 하루같이.

수락산

수락산 하늘을 본다
숲으로 가려진
울창한 나무 사이
또 다른 세상이 펼쳐진다

어릴 적 고향집
오래된 향나무 곁
이끼 낀 돌 틈 사이
빈 두레박을
내릴 때마다
고여 있는
우물 속 그림들

그리움이 넘칠 때마다
상수리나무 위에 앉은
새의 노래로도
위로가 되지 못하는 날

계곡 물소리

애기똥풀 노란 꽃 주위로
나뭇잎은 혼자 흔들리고
시린 기억 저편 언저리
그늘진 곳에서
다독여 주는 손길 있다

세포 깊숙이
푸른 숲의 향기로
옛 시간들 모아
슬픔을 묻고
눈이 부신 허공을
새처럼 비상하며
희망의 씨앗을 가슴에 심는다

수락산의 숲이 지금
길게 숨을 고르고 있다.

불면증

형체도 없이 찾아온
불청객이 딱 버티고
영혼과 육신을 점령해
제어하기 시작하다

별 하나, 나 하나
별 둘, 나 둘
수없이 헤아려 본다

젊은 나이에
명퇴를 당한
가장의 머릿속처럼
떠나지 않는
그 많은 세상의
계산법
애써 놓지 않으려
밤은 또렷한
대낮이 되고 만다

하얗게 지샌 밤
먼동이 터오기 시작한다.

빨래

햇볕 좋은 날
세상 것 털어버리듯
육신의 옷
빨래를 한다

마음속 거짓과 위선
지상의 빨래줄에
걸쳐놓는다

햇살에 익은 의식
꽃잎으로 다시 피어
바람에 흩날린다

마음에 묵은 때까지
지워 버려
가벼운 몸짓으로
하늘을 날고 싶다

홀가분한 육신

맨발로 걸어가는
삶이 되고 싶다

생명 다하는 순간까지
수정처럼 투명하고 맑게
흰 백의 순수로 남고 싶다.

봄이 오는 길목

얼음 강 견뎌낸
대지 위에 누에처럼
발가벗은 몸으로
생명체 하나
미세한 바람결에도
흔들리고 있다

이른 아침
잎눈이 돋기도 전
솜털 보송한 채
희망 곧추세우고
푸르게 솟아나는 순간

한낮 햇살에
거친 숨 고르며
이슬의 무게를 달고
부신 세상 바라본다

살아남은 질긴 삶

그 기쁨과 행복을 가늠하며
머지않아 맞이할 우리들의 봄.

민들레

아스팔트 길가
돌틈 사이
척박한 땅
깊이 뿌리내린
질긴 생명 하나

밟혀도 꺾이지 않고
삭막한 세상 물결 속
휘청이면서도
인내해야 하는
저 가쁜 숨소리

귀 대고 가만 들어본다
가녀린 목숨 부지하며
버티고 서 있는
강한 생명력을 본다

늦봄
하얀 고깔 쓴 채

바람에 눈물
한 방울 찔끔
실오라기 한 올
걸치지 않고
너울너울 춤추며
새털 몸짓으로
흩어져 날아간다

비행이 자유로운 새처럼.

늦은 비

영등포역
많은 인파 속
우산도 없이
비에 흠뻑 젖어
야윈 어깨
늘어뜨리고
서 있는 사람
온 힘으로
세상에 맞서 있지만
무력함은 그를
등 돌려 버리고 만다

아, 세상에 등 돌린
삶 하나
여기 또 한 사람

비와 눈물이 하나가 된
저 타인에게서
알 수 없는 슬픔이

고개를 들고 일어나
늦은 비 내리는 거리에
슬픔을 뿌리고 있다

수 많은 날들
시린 상처
우울한 추억들
때론 아픈 기억마저
저 빗줄기에
섞여 흘러내리고 있다.

가을

대추 알 붉게 타는
가을 햇살을 본다

약속 같은 그리움
갈바람 속
흩어진 빛들 모아
갈증으로 허기진
슬픈 영혼들
쏟아지는 꽃잎처럼
시린 기억을 줍는다

고요가 얼굴을 내미는
유년의 뒤안길
빠알간 석류 알갱이들
한꺼번에 쏟아져 내려
잊혀진 시간을 채색한다

거기
진한 그리움 돋아나

사랑의 열병 앓던
아린 기억들
하나, 둘 불러 모은다

계절의 허기는
서서히 형체를 잃어가고
차츰 높아진 하늘만
가을 속 외로움을 묻고 있다.

2
그리운 시간 너머

석류

부끄러운 속살
누가 볼까
얼핏 제 몸을 감싼다

진홍빛 생명
핏빛으로
톡톡 부풀리며
분신들
알알이 감추지 못해
어미의 심장이
빨갛게 타든다

그 아픔 속으로 터져
길들여지지 않은
붉은 가슴 열고
간절한 소망 비는
여인처럼
석양빛 곱다.

봄날에는

산 넘어
넓은 들녘
밭이랑에
냉이 쑥 씀바귀
햇살 내리면
맨발로 달려 나와
여린 손 분주하다

푸른 피돌기
뿌리에서부터 내린
신의 축복이다

꼭꼭 여민
품속에서 꺼내 든
초록 향기
봄날에만
만날 수 있는
새봄의 저장고.

네 잎 클로버

어릴 적 잔디밭에
꿈을 찾아 노닐다
풀꽃 반지 한두 번
손가락에 끼워보지
않은 사람 있을까

꿈 많던 시절
네 잎에 행운을
안겨주며 사랑으로
내게 다가온 그대

행운을 상징하는
의미 있는 그대는
네 잎의 날개를 달고
기쁨을 선사했네

그 소중한
꿈의 잉태는
지금도

내 삶 속에
소중히 간직되어
행운과 행복을
모두 안겨주고 있네.

절물 휴양림

사철 푸르름을 먹고 산다
하늘에 닿을 듯
쭉쭉 뻗은 삼나무 숲길
물안개 피어오르는
신비의 세계
그 풍경 속을 걷는다

삼나무들의 숨소리
푸르게 들린다
자연의 선물이다

영혼과 심신을 함께 일으켜 세우는
저 광활한 숲의 나라
잠시 그 제국에 나를 눕힌다

이 밤
결코 잊혀지지 않는
추억의 씨앗 하나
주머니에 넣고

떠나는 여행자처럼
여기
잠시 멈추었다 흘러간다.

자유를 꿈꾸며

하늘을 비상하는
새가 될 수 있다면

새처럼 자유롭게
어디든 갈 수 있다면

이 세상 모든 시름
고뇌 다 놓아 버리고

새처럼 날으며
자유를 만끽하고 싶다

일상의 모든 삶
훌훌 털어내고

아무 일 없이
하루를 끝낸
시간처럼

한 마리 새가 되어
하늘을 날고 싶다.

달집태우기

여주군 여주읍 능현리
대보름 달집태우기

어둠 뚫고 피어난 불꽃
가족에 무탈과 복을
달라 기원한다

어릴 적 뒷동산
한 해의 소망을
달님에게 보낸다

쥐불놀이 덩달아
원을 그리며
풍년을 기원한다

잠자면 눈썹이
하얗게 쉰다는
할머니 말씀
잠 못 들고 눈꺼풀

애써 감지 못하고
날밤을 지샌다

그렇게
달집 태우던 밤
다시 꿈처럼
불러보는 유년의
추억 한 마당.

만년설

창밖 너머
눈 쌓인 알프스
은빛 왕관을 쓴
융프라우
스위스의 명산
환상적 설경들
청명한 삼월
하늘 아래
병풍처럼
수채화를 그린다

에메랄드빛
그림 같은 호수
푸른 초원
천국의 뜰인 양
눈앞에 펼쳐 있다

달리는 차창에
은빛 햇살로

스며드는 눈꽃들
숨 쉬는 선상의
정원 가꾸기

바람에 쓸려가는
꽃구름
부신 물결로 흐르며
빙하의 전설이
아름답게 피어오른다.

파뿌리 전설

태양볕 아래
하얗게 속이
타들어 가도
생명의 꽃 피어 올린
맵고 아린 사랑

파 대궁처럼
속을 비워 내야
천년의 사랑
이루어질까

커다란 우주
떠받쳐 들고
텅 빈 가슴
아픔이어도

천년의 인연
뿌리를 온몸으로 안아
시퍼렇게 멍든 가슴

땅속 깊이
뿌리째 묻고

고독한 밤
눈물마다
끈적한 진액이
정으로 이어지고
이 밤도
별빛 노래 들으며
속을 비워내는 연습 중.

화순 곶자왈

—생태탐방 숲길에서

신비한 환상 숲
원시림 속으로
발걸음을 옮긴다

몽환적 풍경
가슴에 얹히듯
가까이 다가온다
향긋한 풀냄새
청초함마저 든다

용머리 해안가
이끼 푸른 돌무더기
파도가 몸 던져
차오를 때까지
살아 숨 쉬는 듯
줄기차게 힘차다

낮에는 해를 품고
밤에는 별을 품고

가슴에 오롯이 품은
침묵의 시간
푸른 눈빛으로
목숨의 길이가
한 뼘 더 자라고 있었다.

독백

시를 쓰는 밤은
홀로 고독하다

하늘 달 별
모두 침묵이다

시 한 줄 쓰겠다고
밤 내 백지 위에
수 없는 반복
쓰고 지우고

시 한 줄
목을 매달다

빛이 어둠을 밀어내고
새벽을 불러오기까지.

지금 이 순간

지금 이 순간
소소한 일상이
선물이고 감사

지금 이 순간
푸른 하늘
볼 수 있어
행복이며 축복

지금 이 순간
빈 몸으로
서 있어도
살아있음에 신께 기도.

자유 찾아 날아간 학
—막내 오빠를 보내며

암흑 속 환청의 소리
형체 없는 자에게
이끌려 밤마다
영혼과 일상을
빼앗긴 긴 세월
칠흑 같은 공포 견디며
내면의 공간에 갇혀 헤매인다

서럽고 외로운 삶

한겨울 속 봄처럼 따스한 날
헛된 세상일 뒤로하고
한 점 이승의 연 끊은 그대

가슴 한켠 늘
겨울나무처럼
시렸던 피붙이
목 긴 기린처럼
그리움의 화석이 되어

아린 회한으로 몰려온다

빗물 되어 가슴 적신다
외로운 학처럼
허공을 향해
훨훨 날아간 당신

지금도 당신은
내 가슴 한복판
옹이진 그리움이다.

하늘 공원

푸른 숲이 출렁인다
저 어디쯤
전설 같은 이야기 묻었을까

썩은 악취에 못살아요
더는 못 살겠어요
수 없이 외치다
시커멓게 죽어가던
쓰레기 산 난지도

사랑의 손길
사랑의 눈빛
사랑 먹고 다시 살아나

이 세상에 온갖 꽃들
공원이란 또 하나의
새로운 이름
부활의 몸짓으로
하늘 향해 손 흔들고 있다.

바다

바다는 말이 없다

내 슬픈 눈물
다 마시고도
바다는 말이 없다

바다는 또 그렇게
어머니 같은 마음으로
출렁이고 있다.

별

달무리 걸린
광활한 우주 공간
별들의 밀어

그 별빛 창가에
고독한 영혼
슬픔을 딛고
귀뚜라미의
서글픈 노래를 듣는다

한때는
깃털처럼 가벼웠던 삶
어느 순간 멈춰선 나의 일기

제 몸의 상처
스스로 치유하며
헛된 욕망 다 벗어놓고
자유로운 삶으로 전환

사랑의 마음만 가득
평온을 사랑하며

영혼의 방랑자들에게
천천히 인생의
지도 일러주며
눈물 닦아주는
그런 사람이고 싶다

별빛 반짝이는 밤에.

삼다도 숨결

분해할 줄 모르는
태고의 시간
해무 꽃으로 피어난다

작은 생명 하나라도
오롯이 숨 쉬는
낮은 올레길

햇살이
바람이
파도가
조용히 머물다
지나간 자리
에메랄드빛 바다

무지개 해안도로
도두봉 공원을
내가 걷고 있다

유채꽃 동백꽃
복수초 꽃범의 꼬리

눈길 닿는 곳마다
돌 안의 돌
오래전부터
살고 있는
돌의 나라
돌의 심장
세포 깊숙이
다시 일어선다.

그리운 시간 너머

창밖
스며드는 빗줄기는
그리운 시간 너머 숨어버린
얼굴 하나를 기어이 찾아낸다

아카시 잎들 사이로
언뜻 보이다 사라진
말갛던 눈매
세월의 흔적이
깊을수록
나무등걸
뒤로 사라진
그 희미해진 형체

지금 촉촉이 내리는
빗소리 들으며
진한 그리움으로
다시 떠오르는
얼굴 하나 있다

쏟아지는 빗물처럼
되살아나는 기억
내 안에서
슬프게 울고 있다.

호수 곁에 앉아

풍경이 잠들어 있다
작은 숲속 둘러앉은 수풀들
한 폭의 산수화다

놓쳐버린 시간들
빛나던 추억들
비우지 못해
아쉬웠던 것들
모두 불러모아
막힌 숨 열어주는
호수 곁에 드는 한나절.

3
꽃은 피는데

달맞이꽃

밤마다
우렁각시 오듯
노오란 웃음으로
달빛에 몸을 푼다

저 꽃잎
부끄럼 많아
밤에만 피는 꽃이여

눈부신 고요 속
달과의 해후
그리고 정사
그 안에 두 마음
단숨에 한 몸 이루는
순간에서 먼 영원까지.

코로나19

날벼락 쏟아지다

독한 놈

조용히 접근해서
무언의 숨죽인
걸음으로 다가와
살생을 서슴치 않는
그놈

참으로
꼭 피해야 하는
무서운 놈이다.

장미

푸른 줄기마다
날카로운 송곳니
험하게 세운다

저 붉은 혈
오월의 심장이다.

호수

피어
오른다

보고픈
얼굴

맑은
호수에

한 송이
꽃처럼.

함박눈

눈이 내린
새벽녘
순결의
세상을 만났다

세월의
나이테에
젊음은 퇴색되고

세파에 물든
내 영혼마저

꽃으로 핀
하얀 세상

무체색의 시 한 편.

호야꽃 피었다

어느 날 문득
가냘픈 꽃술 달고
선홍빛 꽃망울 터트리며
우주 닮은 별꽃 피었다

탐스런 별꽃 무리
또 하나의 별
서로가 서로에게
빛이 되는
순결한 첫 입맞춤.

꽃은 피는데

아리고 슬픈 마음
어찌 달래야 할까

수천의 생목숨
앗아가는 숨막히는
기별을 받는다

꽃들이 스스로
목을 매고
검붉은 피 토하듯
땅에 몸을 눕힌다

무서운 떨림
생을 건너는
힘겨운 일이다

저 울부짖는 우크라이나여.

분수

하늘로 끝없이
오르고 싶은 욕망
오르다 오르다
다시 추락하는
저 분수
무엇을 위해
저토록 포기할 줄 모르는 것일까

허공에서 춤을 춘다
미로 같은 삶의 무게
더 오를 수 없는 절망
끝내 머리 굽혀
낮은 곳으로, 낮은 곳으로.

복수초

잔설로 덮인
적막의 땅

시린 발
달려 나와
언 가슴 열어
비릿한 여린 싹
고개 내밀며
세상을 본다

이른 길목
추운 계절 끝에서
노랗게 웃고 있다.

억새

바람 스칠 때마다
흰 머리칼 출렁인다

서걱이는 마른 뼈대
마른 눈물로 울고 서 있다

뼛속까지
고독한
짧았던
생의 뒤안길

그리움은
밤낮없이 자라
이제는
노을 진 끝자락에서
홀로 흔들리고 있다.

그리움

침묵의 시간이
길어진 지금
허공만 바라보다
내 안에
고였던 슬픔이
그리움이 되었다

세월 속 묻어둔
추억 하나, 둘

밤하늘 수놓듯
별비로 내리는
그리움 덩이, 덩이들.

이사

서울
이십 오 년이란
세월을 몸 담았다
정든 보금자리 떠나던 날
그동안 나와 함께 했던
손때 묻은 살림들
모두가 이별이다

묵은 것들은
새집에 들일 수 없다는
식구들의 일치단결 의견
새 술은 새 부대에
그렇다면 사람은 그대로인데
어찌 물건들은 안 될까

새로운 시작이다
나의 둥지
초면으로 만나는
우리들의 보금자리.

이슬

바람에
꽃잎이
떨어지듯

풀잎 위에
떨어지는
진주 한 알

단 한 번
투명한
생을 살다

아침
햇살에
한 방울

눈물마저
불사른
이슬의 넋

서러운
영혼의
슬픈 삶.

생명 공원을 걷다

봄 햇살 속
꽃향기 벗 삼아
나지막한 나무계단을
숨 고르며 오른다

배곧 마루 동산에서
서해를 바라보다
구름다리 지나

아름다운 꽃들이 활짝 핀
수변로 그곳으로
발걸음이 먼저 나선다

아스팔트 사이에
풀씨가 움트고
돌 틈에서 뿌리를 내린
작은 생명들
저마다 꽃을 피어
세상 이야기 엿듣는다

흰 구름 먹구름 흐르는
수평선 위 갈매기 떼
한가로이 날고 있다

바닷속 물고기 유영하듯
천천히 걷다 보면
마음이 잔잔해진다

애송시 무제를 읊으며
걷는 지금
이 순간이
너무나 큰 행복의 시간
오늘따라 더욱
곱게 물든 저녁노을
작은 물고기들의
숨소리 들린다.

매미의 노래

베란다 작은 정원
그물망 창가
한여름 매미들
목청껏 노래 부른다
짧은 삶
이승의 시간 놓지 못해
처절한 울음 운다

맴맴 쓰르르
맴맴 쓰르르

오늘따라
더욱 구슬픈 울음
어미 떠난 빈 둥지의
어린 것 울음 같다.

봄이 오는 길

얼음 강
시린 걸음으로 오는
새 생명 하나 있네

티눈같이 작은
연둣빛 눈망울
생명은 언제나
추운 겨울 강
건너서 오네

부르튼 발
감싸 쥐며
가만가만
걸어서 오는
푸른 생명들

우리들의 봄이
저만치서
손 흔들며 오고 있네.

연꽃

연밭에서
연분홍빛 꽃들 위로
고추잠자리 맴돌고
아침이면 연잎에
고이는 이슬들
도르르
도르르

세상의
슬픔
괴로움
아픈 상처
연꽃 한 송이에 담아
등처럼
물 밖 걸어놓았다

어쩌면
뼈 마디마디
숭숭 뚫리는 고통

온 세상 아픔
대신 하려는가
너의 한 송이
사랑으로
일어선
숭고한
생명의 꽃, 꽃 한 송이.

둥지

작은 숲
햇살 머물다 간 곳에
집을 짓는다

그곳에
겨우 눈 비빈 까치
어린 날갯짓
햇살에 젖는 것을 본다

스스로 제 둥지 익혀 가듯
우리네 삶 역시 그러하리라

나 어릴 적
익혀 두었던 묵은 길
이제 찾을 길 없지만
다시 생명을
길어 올릴 새 둥지
열어가고 있다.

4
어머니 그리고 고향

그리움

또 하루를 견뎌내고 있다

소중했던 사람들
하나, 둘
삶의 온기를 잃고
저 멀리
말없이 떠난다

초승달 넘어간
빈 허공엔
별빛만 쏟아져 내리고
물새도 잠든 고요 속에
한겨울 외딴 섬
등대 하나
홀로 지키고 서 있다

핏기 잃은 모습으로
차갑게 식어가는
슬픈 영혼의 잔상
저 바다의 눈물.

회상

어릴 적
고향 집
앞마당
우물가
작은 표주박 하나
띄워져 있었지

물그림자 비친
작은 얼굴 하나
샛별처럼 빛나며
환한 미소 있었지

반딧불 동무하며
옥수수 하모니카 불던
옛 동무들
지금은 어디 있을까

별빛처럼
그리움 밀려오네

푸른 추억들 또 하나.

어머니 그리고 고향

언제나
그리움이
강물처럼
일렁이고
어머니
젖줄 같은
고향 여주 옥빛 강

그곳에서
잃어버린
따뜻한 당신의 품
오래도록 그리워
눈물 화석이 되었다

젖 내음
아직 가시지 않은
어린 딸 두고
삼베옷 걸치고 떠난
내 어머니

그리운 날은
고향 강가에 서서
시린 달빛 받으며
하염없이 그 이름 불러보았다

저 강물처럼
어머니 당신은
내 안에
늘 그리움으로 흐릅니다.

고드름

고향집 처마 끝
새 생명
고요 속
눈을 뜬다

투명한 삶
꿈꾸며
빙하의 성
집을 짓는다

정오의 햇살
피하지 못하고
낙하하는 눈물

짧디짧은 삶
촛불처럼
생을 마친 너

그땐 몰랐다

수정의 아픔을
깨끗한 생 추구한
순수의 그 마음을.

월정리 역

철길에 갇힌
녹슨 꿈
달리고 달려갈
그날을
손꼽아 기다린 넌
그 숱한
목마른 그리움들
삭막한
바람 속으로
꽃잎처럼 흩날리고

절단된 갈림길엔
자유로운 철새들만
세월에 변함없이
하늘 높이 비상하고
우두커니 발 묶인
녹슨 낡은 철마는
망부석으로 서 있다

허리 잘린 이 땅
하나 되길 꿈꾸며.

여명

문득
용광로처럼
끓어 올라
힘차게
솟아오르는
저 태양을 보네

저마다의
가슴 속에
희망의 빛
가득 채워주고파

불의 몸짓으로
버려야 할 것
모두 태워버리고
오직 삶의 기쁨을
노래하라 하네

오늘도

어둠을 딛고
저 산 위로
솟아오르네
찬란한 무지개 빛
아침을 향해
서서히 하늘은 열리고.

그 하얀 꽃길

그대와 함께
걷는 이 길
긴 겨울을 이겨낸
풀꽃처럼
봄 햇살 속
나란히 걷고 싶다

구름처럼 바람처럼
수평선 바라보며
그렇게
그대와 걷는 길
나란히 손잡고 걷고 싶다

삶이 다 하는 순간까지
그대 마주 보며
하얀 그 꽃길 걷고 싶다.

군사우편

아침 까치가
전신주 위에 앉아
마냥 웃어댄다

기다리던 군사우편이
바람처럼 날아왔다

우리 집 보물 1호
몸 건강히 잘 있다는
그 말 한마디
오늘 하루가 천년의 기쁨이다.

산을 찾는 남자

깊고 깊은
산골 찾아
주말이면
산으로 가는 남자

눈, 비 억센 바람 불어도
약속이나 한 듯
어둠 뚫고 새벽길
나서는 남자

천년의
푸름 지키는 소나무
찾아 나서는 사람처럼
신이 허락한 곳이면
어디든 발걸음 옮기는
그 남자

장엄한 절벽
때론 오감에 소름 돋는
그 길 마다않고 찾는 사람

지나온 20여 년의
고단한 여정
아끼며 가슴으로 품는 그
거친 삶 속
따뜻한 어머니 품
그리워서였을까

그곳에 이르면
바람이 전해주는
이야기
세상 어지러운 것
모두 잊고
오직 청정한 산을
사랑하는 그 사람

심봤다, 심봤다
첩첩산중
메아리로 울리는
생의 숭고한 순간.

그랜드 캐년의 대 자연

봄바람 흩날리는
청명한 사월
경비행기 타다

아름다운 대 자연
그랜드 캐년을 만나다

태초에 지구를 만나다
거대한 땅의 웅덩이
깎아지른 골짜기 어딘가에
처음의 사람을 만날 것 같다

장엄한 땅의 숨결
호흡이 가빠진다.
차츰 어질머리 시작되다

물과 바람이 빚어낸
신의 걸작
신비하고 몽환적인

이야기들이 솟아오른다

광활하고 넓은
풍경들 눈앞에
파노라마처럼
펼쳐진다
수없이 굽이치는 협곡
푸른 기운 푸른 빛

먼 이국 땅에서
내 영혼 속
지워지지 않는 풍경이
오래 기억의 저장고에 담긴다.

면회

사방이 장대비로
갇혀있는
새벽 다섯 시
빗속을 나선다

산이 구름 속에
닿을 듯한 그곳에
내 보물이
나라를 지킨 지
어언 일 년

'장병 기본권 전문 상담병' 이란
훈장을 가슴에 달고
환하게 웃으며
서 있는 내 자랑스런 아들

제비처럼 반가운 얼굴이
어미의 마음을
위로하고 안심시킨다

늘 나약했던 모습이
어디론가 흔적도 없이 사라지고
오직 큰 독수리의 날갯짓만 남았다

내 사랑하는 아들아
제대하여 돌아올 때까지
부디 지금처럼 건강히
나라를 지키다 돌아오거라
자랑스런 내 아들아.

어미 새의 눈물

목감기로 불 같은 몸을
떼어놓은 어미 새는
몸 둘바 모르고 조바심이다

눈물 보이지 않으려
빈 허공만 바라보는
애타는 어미 새

'엄마 안 우신다고 했지'
'안 우신다고 약속 했잖아요'

어미 볼에 입맞춤
뜨거운 그 사랑의 열기
애써 태연한 척 해 보지만
그냥 볼을 타고 내리는
눈물은 막을 수 없었다

미끄러지듯 연병장
무리 속으로 날아간

여린 새 한 마리
방향을 잃은
아쉬움에 헛 손질

목젖까지 차오르는
슬픔에 발걸음을
돌이킬 수 없었다
그러나 이제는
모두가 돌아가는 시간

큰 새로 돌아오길 기도하며
무거운 발걸음 옮기다.

임종

흰 벽의 병실 안
가슴에 돌덩이 안고
병마와 사투하는 이가 있다

뼈마디가 산산조각
부서지는 고통
견뎌야 하는 그 아픔
곁에서 지켜보는 이의
가슴은 더욱 애절하다

'어멈아, 집에 가고 싶다'
절망 가운데서도 생의
끈 놓지 않으려 안간힘으로
버티시던 아버님
안스러움에 가슴은
더욱 타들어 가고 있었다

마지막 여름 밤
끝내

이승을 떠나야 했던 당신
시어머님의
그 땅 찾아가셨다

모든 인생은
이 땅의 삶 놓고
떠나야 하는 것
날마다 나를 접는 연습 중.

중국 땅 석도를 밟으며

화동 페리호에 몸을 싣고
하늘의 별빛 따라
일상을 벗고 떠나간다
크리스마스 이브

꿈을 꾸듯
해신 장보고 주둔지
석도 항
처음 밟는 이국 땅

차가운 바람도
한 점 햇살로 다가와
추억 하나 만든다
하얀 설경과 신비로움

먼 옛날 신선들이
놀다 갔다는
노천온천
3박 4일의 아름다운 여행

내 삶의 한 페이지를
한 장 또 넘긴다.

에펠탑

예술의 도시
낭만의 도시
문화의 도시
삼월의 밤하늘
공기는 차가워도
내 심장은 설렘으로 뜨겁다

별빛이 쏟아져 내리는
파리의 야경이
오로라처럼 펼쳐진다

바토무슈 유람선
세느 강을 한 마리
새가 되어 비상하는 것 같다
불빛 따라 유영하는
물속 고기들 또한 신비롭다

내 영혼의 세포들이
어둠 속에서 행복한 꿈을 꾸듯

하얀 깃털을 달고 날아오른다

밤이면 치장하는
불빛의 저 에펠탑
내 인생의 여행길 또한
이 밤을 아름답게 단장하고 있다

오늘은
영화 속 여인이 되어
불빛 휘감고
사랑하는 사람과 춤을 추고 싶다

여기
밤하늘 어둠을 밝히는
세느 강의 등대
그대 에펠탑이여.

제주 올레길

한 폭의 풍경화
그리움 묻은
낭만의 섬
검은 모래 해변
바닷가 하얀 물결
파도에 말려오는 파랑

화산석 층층이 쌓인
천년의 신비
자연이 빚은 기암절벽
태고의 경이로움
살아서 출렁인다

나지막한 능선 따라 가면
선인장 붉게 열매 맺은 꽃길
풀섶 사이 빼꼼이
산딸기 숨겨놓고 망을 본다

오름과 내림

바다 구름 들판의 평화
해풍과 숨 쉬는
천년의 숨결
오롯이
비움과 느림의 의미를
비로소 깨닫는
명상의 길.

그날 광복절

조국의 암흑시대
나라를 위한
헌신의 독립투사 그 영웅들

독립과 자유를 외친
그 넋의 함성이 들린다

대한독립 만세
대한독립 만세

이 땅의 자유가
살아 숨 쉬는 것
대한민국이
존재하는 것
그 숱한 질곡의 시간들
뼈마디 마디
나라를 찾겠다는
그 일념 하나

아, 호노니* 호노니
큰소리 외쳐 불러봅니다.

* 호노니: '누군가를 몹시 그리워 동경하다'의 순수 우리말.

| 해설 |

순수한 내면성찰의 시

순수한 내면성찰의 시

정성수(丁成秀)
(시인·한국문인협회 부이사장)

요즘 일부 시단에서 긴 시가 유행이다. 매년 연례행사인 신춘문에 당선작들도 대체적으로 그러하다. 그러나 그 기나긴 시들을 살펴보면 굳이 이렇게 시의 길이가 길어야만 할까 라는 의문이 생기는 건 나만의 생각일까. 왜냐하면 그 시를 적절히 압축해도 시적 효과상 아무런 이상이 없을 것으로 보이기 때문이다.

일반적으로 서정시는 그 길이가 대체적으로 짧은 것이 특징이다. 그것은 소설이나 희곡 같은 산문과 다른 운문으로서 말하자면 시의 기본적 특성이기도 하다. 긴 시의 유형은 따로 있다.

영웅담 같은 사건 위주인 서사시와 극적 사건을 표현한 희곡, 즉 극시가 그것이다. 그러나 서사시나 극시를 제외한 일반적인 서정시가 굳이 특별한 이유도 없이 길이가 마구 길어야 할 만한 이유가 별로 없다. 그 무엇이나 ~다운 것이 좋다. 기본적으로 일단 물은 물답고 공기는 공기답고 흙은 흙다운 것이 좋은 것.

그런 의미에서 황창순 시인의 여러 시편들은 그 길이나 내용이 별 무리 없이 표본적인 서정시답다. 사실 따지고 보면 촌철살인, 그것이 시의 본령이 아니던가. 특별한 사유도 없이 횡설수설하는 산문적 넋두리는 결코 좋은 시가 아니다.

황창순 시인의 시는 우선 쓸데없이 난해하지 않다. 여러 가지로 복잡하고 난해한 시대일수록 인간의 깊은 영혼과 감성을 노래하는 시는 오히려 지나치게 난해하지 않은 게 좋지 않을까…? 시는 특별한 학술적 논문이 아닐뿐더러 한 편의 시는 어디까지나 하나의 언어예술로써 우리 지구인에게 낭만적인 꿈과 깊은 위로와 아름다운 사색을 선물해주는 문학 장르이기 때문이다.

황창순 시인의 시는 난해하지 않을 뿐만 아니라 전체적으로 시 세계가 겸허하고 순수한 내면 성찰의 시이다. 다시 말하자면 대단히 인간적인 감성의 시편들이다. 지은이 스스로 거울이 되는 시들로서 시적 화자(퍼스나)의 고독과 슬픔이 자연스럽게 녹아있다.

과장된 기교를 의도적으로 불식한 시, 사람의 가슴에 와닿는 보편적 정서의 표출로써 시와 생활이 하나인 이상적 시 세계이다. 다시 말하면 건강한 시정신 속 가장 인간적인 순백의 인어 집합체라고 말할 수 있을 것이다.

다음 시를 살펴보자.

소중했던 사람들
하나, 둘
삶의 온기를 잃고
저 멀리 허공으로

손 저으며
연기처럼 흩날리고

노을빛 물든 바다
흰 포말의 파도
물새마저 잠든 밤

별빛만 쏟아져 내리는
한겨울 외딴 섬

차갑게 식어가는
슬픈 영혼의
하얀 그리움
기어이
빠져드는
섬 안의 나.

―「섬, 그리고 그리움」 전문

시적 화자는 바다 한가운데 떠있는 고독한 섬 위에서 이미 이승을 떠난 '소중했던 사람들'의 따뜻한 영혼을 그리워한다. 그들은 하나, 둘 '삶의 온기를 잃고/ 저 멀리 허공으로/ 손 저으며/ 연기처럼 흩날리고// 노을빛 물든 바다/ 흰 포말의 파도/물새마저 잠든 밤'이다.

저녁 노을빛이 물든 저 광활한 바다 위엔 하얀 포말의 파도가 춤추듯 일렁거리고 허공을 날던 물새조차 깊이 잠이 든 침묵의 저녁. 오직 반짝이는 '별빛만 쏟아져내리는/ 한겨울 외딴 섬' 속의 평화로운 적막과 고독.

'차갑게 식어가는/ 슬픈 영혼의/ 하얀 그리움/ 기어이/ 빠져드는/ 섬 안의 나'. 고독한 섬 속에서 또 하나의 고독한 존재인 시적 화자가 슬픈 영혼을 기억하는 그리움의 심연 속으로 깊숙이 빠져든다. 고독은 그리움을 낳는 것인가. 아니면 사라진 영혼은 저마다 슬픈 것인가. 지구별 위에 살아남은 자가 슬픈 것인가…?

다음 시를 살펴보자.

가녀린 몸
아슬히 절벽을 오른다
지상의 험한 언덕에서
발돋움하며

때때로 밀려드는
내 안의 고독과 슬픔
그리고 아픔을 견뎌내며
소망의 끈
결코 놓지 않는다

담록의 빛깔로
자신을 치장해 가며

생명을 잉태하듯
한 잎 두 잎 포개어놓는다

끝없는 꿈
수없이 풀어내며
고단한 벽을 오르는
저 긴 목숨 하나.

—「담쟁이 벽을 오르다」 전문

1연에서는 '가녀린 몸/ 아슬히 절벽을 오른다/ 지상의 험한 언덕에서/ 발돋움하며'라고 가느다란 육신의 담쟁이(사실은 인간에 대한 비유)가 어렵고 힘들게 높은 외벽을 타고 위로 자꾸만 기어오르는, 즉 더 높은 곳으로 올라가 꽃을 피우려는 꿈과 상승의지를 노래한다.

2연에서는 '때때로 밀려드는/ 내 안의 고독과 슬픔/ 그리고 아픔을 견뎌내며/ 소망의 끈/ 결코 놓지 않는다'라고 살아가면서의 고독과 슬픔, 아픔 등을 수시로 극복하면서 결코 상승 의지와 꿈을 포기하지 않는 강한 생명력을 노래한다.

3연에서는 '담록의 빛깔로/ 자신을 치장해가며/ 생명을 잉태하듯/ 한 잎 두 잎 포개어놓는다'라고 담쟁이가 날이 갈수록 점점 성숙해가면서 빛깔도 담록색으로 변하며 새로운 생명을 하나 둘 잉태하듯 잎사귀를 피어내는 작업을 노래한다.

4연에서는 '끝없는 꿈/ 수없이 풀어내며/ 고단한 벽을 오르는/ 저 긴 목숨 하나'라고 꿈에 대한 도전을 끝없이 반추하며 고단한 벽을 기어오르는 담쟁이. 이 시는 마침내 마지막 귀절에서 절창을 터뜨린다.

'저 긴 목숨 하나'가 그것이다. 미래에 대한 꿈과 투지를 잃지 않고 끝끝내 도전하는 '저 긴 목숨 하나', 얼마나 감동적인가! 인간의 '긴 목숨 하나'…!

다음 시를 살펴보자.

햇볕 좋은 날
세상 것 털어버리듯
육신의 옷
빨래를 한다

마음속 거짓과 위선
지상의 빨래줄에
걸쳐놓는다

햇살에 익은 의식
꽃잎으로 다시 피어
바람에 흩날린다

마음에 묵은 때까지
지워버려

가벼운 몸짓으로
하늘을 날고 싶다

홀가분한 육신
맨발로 걸어가는
삶이 되고 싶다

생명 다하는 순간까지
수정처럼 투명하고 맑게
흰 백의 순수로 남고 싶다.

—「빨래」 전문

시적 표현보다는 시적 진술에 중점을 둔 시. 말하자면 일종의 주제의식 과잉현상이다.

'마음속 거짓과 위선/ 지상의 빨래줄에/ 걸쳐놓는다' 2연의 이 귀절은 굳이 설명이 필요없다.' 인간의 거짓과 위선을 깨끗이 빨아서 빨랫줄에 넌다는 의미이다.

'마음에 묵은 때까지/ 지워버려/ 가벼운 몸짓으로/ 하늘을 날고 싶다'. 더러워진 옷의 표면뿐만이 아니라 마음 속에 스며있는 보이지 않는 때까지 온전히 빨아서 추한 게 없는 '가벼운 몸짓으로 하늘을 날고 싶다'는 것.

시적화자는 '생명 다하는 순간까지/ 수정처럼 투명하고 맑게/ 흰 백의 순수로 남고 싶다'고 웅변한다. 시적 은유나 상징을 배제한 영혼의 순수의지, 그 누구도 막을 수 없는 시적화자의 통렬한

주제의식이 아닌가.

다음 시를 살펴보자.

대추 알 붉게 타는
가을 햇살을 본다

약속 같은 그리움
갈바람 속
흩어진 빛들 모아
갈증으로 허기진
슬픈 영혼들
쏟아지는 꽃잎처럼
시린 기억을 줍는다

고요가 얼굴을 내미는
유년의 뒤안길
빠알간 석류 알갱이들
한꺼번에 쏟아져 내려
잊혀진 시간을 채색한다

거기
진한 그리움 돋아나
사랑의 열병 앓던
아린 기억들

하나, 둘 불러 모은다

계절의 허기는
서서히 형체를 잃어가고
차츰 높아진 하늘만
가을 속 외로움을 묻고 있다.

—「가을」 전문

'약속 같은 그리움/ 갈바람 속/ 흩어진 빛들 모아/ 갈증으로 허기진/ 슬픈 영혼들/ 쏟아지는 꽃잎처럼/ 시린 기억을 줍는다'. 그리움이 그냥 막연한 그리움이 아니라 '약속 같은 그리움'이다. 누군가와 미리 굳게 약속해놓은 듯한 특별한 그리움.

'고요가 얼굴을 내미는/ 유년의 뒤안길/ 빠알간 석류 알갱이들/ 한꺼번에 쏟아져 내려/ 잊혀진 시간을 채색한다.' 지난날에 대해 깊은 생각 속에 가라앉게 하는 어린 시절의 뜨거운 추억들이 쏟아져 나와 잊혀졌던 과거를 아름답게 채색해준다.

'거기/ 진한 그리움 돋아나/ 사랑의 열병 앓던/ 아린 기억들/ 하나, 둘 불러 모은다'. 그리운 추억 속에서 솟아나는 '사랑의 열병 앓던/ 아린 기억들'을 '하나, 둘 불러 모은다'. 그 가운데서도 사랑의 열병 속 쓰라린 기억들이 가장 아프고 아름답고 따뜻한 추억으로 다가올 것이다.

'계절의 허기는/ 서서히 형체를 잃어가고/ 차츰 높아진 하늘만/ 가을 속 외로움을 묻고 있다'. 계절의 허기로 낙엽지는 가을날, 더욱 푸르게 높아진 하늘 아래 시적화자의 고독은 가을 하늘처럼 끝없이 깊어만 간다. 떠돌이별 위로 다시 다가온 가을은 지구인의 영혼을 하염없이 깊고 푸르게 허공 속에서 펄럭이게 해 준다. 시퍼런 가을날의 힘이다.

이처럼 황창순 시인의 시는 시적 화자의 고독과 슬픔과 아픔 속에서 피어나는 결과물들로써 이 세상의 그 무엇보다도 아름답고 향기로운 지구인 영혼의 특별한 꽃송이들이다.

황창순 시집_ 바람의 문장 하나

초판 인쇄 | 2023년 1월 10일
초판 발행 | 2023년 1월 15일

지 은 이 | 황창순
발 행 인 | 이광복
편집국장 | 김밝은

펴낸곳 | 사단법인 한국문인협회 月刊文學 출판부
주소 | 서울시 양천구 목동서로 225 대한민국예술인센터 1017호
전화 | 02-744-8046~7
팩스 | 02-743-5174
이메일 | klwa95@hanmail.net
등록 | 2011년 3월 11일 제2011-000081호
ISBN 978-89-6138-497-1 03810

값 10,000원